VAILLANTE

PAPIER À BASE DE FIBRES CERTIFIÉES

hachette s'engage pour l'environnement en réduisant l'empreinte carbone de ses livres. Celle de cet exemplaire est de : 400 g éq. CO_2
Rendez-vous sur www.hachette-durable.fr

Histoire de LAURENT ZEITOUN et JENNICA HARPER
et LISA HUNTER, novélisation de Catherine Kalengula

Dépôt légal : janvier 2022. Édition 01.
Rédaction : Catherine Kalengula. Maquette : NoOok.
Loi n° 49-956 du 16 juillet 1949 sur les publications
destinées à la jeunesse.
Achevé d'imprimer en février 2022
par Pollina en France.N°40830

VAILLANTE

ALBUM DU FILM

hachette
JEUNESSE

Georgia Nolan n'a toujours eu qu'un rêve : faire partie des pompiers new-yorkais. Depuis toute petite, elle s'entraîne avec Ember, sa fidèle dalmatienne. C'est une enfant casse-cou qui n'a peur de rien !

Les années ont passé, et le rêve de Georgia ne s'est jamais envolé. Elle veut sauver des vies. Non, sauver tout le monde ! Oui, mais voilà, nous sommes en 1932, et le règlement interdit aux filles de devenir combattantes du feu.

Alors, en attendant une occasion de prouver ce dont elle est capable, Georgia travaille aux côtés de son père, qui est tailleur. Shawn était un célèbre capitaine des pompiers autrefois, mais il a abandonné sa carrière pour s'occuper de Georgia qu'il a tendance à surprotéger.

Dans leur petit atelier, la jeune fille coud au son de la radio.

— Le pyromane de Broadway a incendié un nouveau théâtre, annonce l'animateur. Le maire, Jimmy Murray, nous demande de garder notre calme.

Depuis quelque temps, un mystérieux incendiaire sévit en plein cœur de New York. Georgia voudrait tellement pouvoir aider !

Comme chaque soir, elle va s'entraîner en secret sur le toit de sa maison. C'est alors qu'elle entend des ronronnements de moteurs. Stupéfaite, elle se penche sur le bord du toit pour regarder. Des voitures de police escortent une limousine dont descend… Jimmy Murray, le maire de New York, en personne !

Mais qu'est-ce qu'il fait là ?

Ni une ni deux, Georgia descend écouter la conversation entre son père et le maire.

— C'est sérieux, Shawn, déclare Jimmy Murray. Ce pyromane a déjà carbonisé quarante théâtres ! Et tiens-toi bien, sans la moindre flamme. Rien qu'une fumée violette. Et une musique à faire froid dans le dos.

D'après lui, les pompiers qui sont entrés dans les théâtres n'en sont jamais ressortis. Il ne reste plus qu'un seul combattant du feu à New York : le capitaine Shawn Nolan ! La ville a besoin de lui pour arrêter le pyromane.

Comme son père a besoin d'une petite équipe pour mener l'enquête, Georgia se dit que c'est l'occasion ou jamais de faire ses preuves ! Mais avant, elle doit se déguiser en garçon.

— Pour les cheveux, un mélange d'huile de moteur, de cirage noir et de miel, explique-t-elle à Ember. Guimauve pour les joues. Pâte à modeler pour le nez. Pour rembourrer les cuisses, des épluchures. Pour les épaules, des oreillers. Des coquilles d'œufs pour les abdos et des mangues pour les biceps.

Et pour la moustache : poils de fesses d'Ember. Georgia est méconnaissable !

Vêtue en garçon, la jeune fille se rend à la caserne. Pour elle, c'est comme un rêve qui se réalise ! Elle admire le camion de pompiers, avant de rejoindre ses futurs coéquipiers dans la cour. Heureusement, son père ne la reconnaît pas. Jimmy Murray est là lui aussi. Il présente les deux premiers volontaires : Ricardo, un physicien à l'air terrifié, et Jin un jeune chauffeur surnommé « le Guépard du Bronx ».

Quand vient le tour de Georgia, elle se met à balbutier :

– Je suis... Georg.... Hé, hé, hé, hé ! Giorgio... Giorge... Joe. Je m'appelle Joe, c'est ça. Je suis Joe le pompier ! Pompier Joe, ha, ha, ha !

Ça y est, l'équipe est au complet. Et ça tombe bien, car l'alarme retentit ! Jin appuie à fond sur l'accélérateur et se met à serpenter entre les voitures. Après bien des frayeurs, ils arrivent au théâtre avec douze secondes d'avance ! Une étrange fumée violette s'échappe du dernier étage.

— Joe, déploie la lance à incendie, lui ordonne Shawn.

Mais Georgia oublie de vérifier la pression de l'eau, et ça vire à la catastrophe !

Après cet incident, elle grimpe à l'échelle avec son père. Seulement, Jin, qui s'endort sous le coup des émotions, pique brusquement du nez. Résultat : l'échelle devient folle et elle propulse Georgia et son père à travers une fenêtre ! Là, la jeune fille aperçoit une silhouette : l'incendiaire !

Sans écouter son père, elle se lance à sa poursuite.

— Je sais que tu es là ! s'écrie-t-elle. Montre-toi !

THEATRE

Comme surgie de nulle part, une immense silhouette se matérialise devant elle. L'épaisse fumée qui l'enveloppe permet juste de distinguer ses yeux rouges lumineux.

— Tu ne me fais pas peur ! prétend Georgia.

— Oh si, tu as peur ! devine le pyromane. Tiens, prends ça !

Il lance une petite sphère transparente, qui tombe aux pieds de Georgia. Quelques notes d'orgue retentissent. Puis, Shawn arrive et repousse l'assaillant qui disparaît dans un tourbillon de fumée.

Une fois ressorti, le capitaine est furieux ! Le peureux Ricardo a voulu s'enfuir, Jin s'endort à tout bout de champ. Quant à Joe, il n'a aucune expérience en tant que pompier, ce qui a mis la vie de ses coéquipiers en danger.

— Tu m'as menti, c'est terminé, tranche Shawn. Je ne veux plus te voir dans mon équipe.

— Je souhaite vraiment aider à coincer le pyromane, le supplie Georgia. S'il vous plaît, s'il vous plaît, donnez-moi une autre chance.

Touché, Shawn finit par accepter.

L'incendie éteint, ils vont examiner la salle de spectacle. La scène et les sièges sont recouverts de braises rougeoyantes et lumineuses. Mais ils sont toujours là !

Shawn se penche pour observer l'un des sièges.

— Ça se consume encore, et pourtant, c'est froid.

Georgia touche le fauteuil, qui se réduit instantanément en cendres. Puis, c'est toute la rangée qui s'effondre comme des dominos !

Pendant que Shawn observe le sol, elle lève les yeux… Ça alors ! On dirait un feu d'artifice figé sur le mur, pile en face de la scène. Elle s'empresse de montrer sa découverte à son père.

— Je ne sais pas ce que c'était, reconnaît-elle, mais il l'a jeté d'ici. Ce n'est pas un pyromane. Enfin, si. Mais il se prend pour un artiste de music-hall.

Elle sort ensuite l'étrange sphère lumineuse qu'elle a ramassée un peu plus tôt.

— Joe, tu viens de résoudre une partie de l'énigme, la félicite son père. Bien joué, fiston.

LADDER
9
N.Y.F.D
LADDER
9
N.Y.F.D

Le lendemain matin, Georgia persuade son père d'emmener Ember à la caserne. Puis, sur ses patins à roulettes, elle s'accroche à l'arrière d'une camionnette afin d'arriver avant eux.

Tandis que Jin bricole sur le camion, Ricardo a avancé dans ses recherches : la mystérieuse sphère contient de la poudre à canon et de la dynamite, rien que ça !

De son côté, Georgia a mis au point une invention pour réveiller Jin : dès qu'il s'endort, elle appuie sur un bouton, et un gant de boxe monté sur ressort vient frapper le garçon. Grâce à cela, Shawn accepte de le garder comme chauffeur.

Maintenant, place aux entraînements pour Georgia !

Dans une petite pièce sombre, Shawn craque une allumette. L'instant d'après, Georgia se retrouve cernée par les flammes. Mais son nez en pâte à modeler commence à fondre, et elle est obligée de fuir.

Deuxième exercice, dans la cour de la caserne. De la fumée s'échappe d'une porte fermée. Déterminée, la jeune fille court la défoncer avec sa hache. Et elle est projetée à travers la cour.

— Tu t'es pris un retour de flammes, précise son père. Je te l'ai déjà dit : Pas de précipitation, on avance pas à pas.

Au cours d'un autre exercice, Georgia apprend aussi à analyser le terrain et à évaluer les risques. Mais l'alarme vient interrompre ses entraînements.

Un incendie s'est déclaré au théâtre de Laura Divine, le dernier encore sur pieds à Broadway ! Shawn et Georgia la trouvent en train de voler au-dessus de la scène, dans un nuage de fumée. Des effets spéciaux.

En réalité, il n'y avait aucun feu. Tandis que son père tente de persuader l'artiste de quitter les lieux, Georgia va discuter avec son assistante, une jeune femme timide du nom de Pauline.

Mais sans le vouloir, celle-ci brise la manivelle et le câble auquel était accrochée Laura Divine se déroule à vitesse grand V. C'est la chute !

Georgia accompagne Pauline dans le hall d'entrée.

— Je suis nulle, je casse tout ce que je touche, et je ne m'en sortirai jamais, se lamente la jeune femme.

— Ne soyez pas si dure envers vous-même, la réconforte Georgia. Peut-être que c'est un signe, qu'il est temps de poursuivre vos propres rêves. Je n'ai jamais abandonné les miens.

Pauline hausse les épaules.

— C'est facile pour vous, vous êtes un homme.

— Pas vraiment, la détrompe son interlocutrice. Je suis une fille, en fait. Je m'appelle Georgia.

Soudain, alors qu'elles bavardent, Jimmy Murray entre dans le hall. Sans les avoir vues, il grimpe un escalier et disparaît. Intriguée, Georgia décide de le suivre le plus discrètement possible jusqu'à une loge, où elle l'espionne à travers le trou de la serrure.

La loge est spacieuse et pourvue d'un piano. Le maire joue quelques notes. Et la jeune fille n'en croit pas ses oreilles ! C'est le même air que le pyromane a commencé à interpréter après lui avoir jeté la sphère lumineuse !

Pour Georgia, pas de doute : il y a forcément un lien entre la musique et les incendies. De retour à la caserne, elle mène une expérience avec ses coéquipiers. Après avoir déposé la sphère face à un gramophone, elle court se cacher derrière une table. Ricardo appuie sur son chronomètre.

— Expérience numéro 26, commente-t-il. Test avec la musique enregistrée dans les théâtres incendiés.

Dès les premières notes, la sphère s'illumine. La matière qu'elle contient réagit bien au son ! Et au bout de quatre-vingt-dix secondes, c'est l'explosion !

Shawn, Jin et Ember, qui ont regardé l'étrange lumière, se retrouvent hypnotisés. N'écoutant que son courage, Ricardo réussit à les sauver, et Georgia parvient à éteindre l'incendie.

Maintenant, ils savent comment le pyromane s'y prend pour carboniser les théâtres. Sans attendre, l'équipe de Shawn fonce vers celui de Laura Divine. Là, ils installent les lances juste devant la scène. Tout est prêt pour l'arrivée de l'incendiaire !

Seulement voilà, cette fois-ci, le pyromane a décidé de brûler l'établissement en entier. Et Pauline se trouve encore à l'intérieur !

Malgré toute sa volonté, Georgia n'arrive pas à la sauver, et elle se sent désespérée. Son père vient la consoler.

— Il y a seize ans, il y a eu un terrible incendie, un jeune couple était piégé par les flammes. Quand on est arrivés, c'était trop tard. Mon commandant m'a dit que si je voulais devenir un vrai pompier, je devais parfois accepter que les choses tournent mal.

Au même instant, Jimmy Murray surgit dans le théâtre. Bizarre...

LAURA DIVINE
A MUSICAL REVUE
BROADWAY SHOW
STARRING LAURA DIVINE

Georgia et son père suivent le maire jusqu'à la loge au piano. Parvenu devant la porte, Shawn s'élance pour la défoncer… pile à l'instant où Jimmy Murray l'ouvre. Pris dans son élan, le capitaine des pompiers ne peut plus s'arrêter et il fonce droit sur Laura Divine, plâtrée jusqu'au cou et assise dans un fauteuil roulant. Ils dévalent ensemble un escalier qui descend vers un tunnel abandonné du métro.

— Qu'avez-vous fait à ma fiancée ? s'emporte Jimmy Murray.

— Fiancée ? s'étonne Shawn. Je pense qu'il y a un terrible malentendu.

À l'évidence, le maire de New York était une fausse piste. Mais juste après, sur le sol, Ember découvre un casque de pompier ! Shawn et Georgia décident d'explorer le tunnel, qui débouche… sur le repaire du pyromane ! Ils longent une passerelle menant à un laboratoire vitré. Georgia découvre des feuilles épinglées à un tableau d'affichage.

— Capitaine, venez voir ! Des lettres de refus de tous les théâtres de Broadway.

Mais ce n'est pas tout : elle aperçoit aussi des prospectus. Sur l'image, on voit Manhattan en flammes, avec au milieu, l'immeuble Chrysler. Broadway n'était qu'une répétition. Le vrai spectacle est pour ce soir, depuis le sommet de la tour !

Ember se met à aboyer en pointant sa truffe vers le sol. Sous la passerelle, tous les pompiers disparus sont là, hypnotisés ! Enhardie par cette découverte, Georgia ôte son déguisement et révèle son identité à son père.

D'abord effaré, Shawn finit par prendre la parole.

— Tu te souviens du couple que je n'ai pas pu sauver, il y a seize ans ? Tandis qu'ils étaient pris au piège, ils ont réussi à me passer leur bébé, une petite fille âgée de trois mois. Elle s'appelait Georgia, et je leur ai juré que je la protégerai toujours.

Voilà pourquoi il refusait qu'elle devienne pompière ! Pas uniquement à cause du règlement, mais surtout pour la protéger. Ils n'ont pas le temps de poursuivre leur conversation : une boule de feu vient d'exploser à leurs pieds !

À son réveil, Georgia découvre son père hypnotisé et enfermé dans le laboratoire. Le pyromane s'avance vers elle. La fumée dissipée, il retire son casque, semblable à celui d'un scaphandrier. Non, impossible !

— Pauline ? s'étonne Georgia.

C'est bien elle, mais avec des cheveux et du maquillage foncés, sans ses lunettes, et l'air un peu dément.

— Pauline est morte, répond-elle, avant de grossir la voix. Mon nom de scène est Furie Suprême. Comment as-tu trouvé ma fin tragique ? Hum, pas mal, hein ?

Comme Georgia refuse de s'associer à son plan machiavélique, Pauline l'abandonne au milieu des flammes et s'enfuit. Déterminée, la jeune fille réussit à sortir son père du laboratoire.

— Tu m'as sauvé, déclare-t-il, en reprenant ses esprits.

— C'est normal, articule Georgia, la gorge serrée. Je suis pompière, cap'taine. C'est mon boulot.

— J'ai eu tort d'avoir voulu t'en empêcher, regrette-t-il, avant de l'étreindre. Il faut trouver Pauline. File rejoindre l'équipe. Ember et moi, on va libérer les pompiers.

Elle ne se le fait pas dire deux fois...

Une fois arrivée près de la tour Chrysler, Georgia aperçoit la camionnette de Pauline. Celle-ci s'engage sur le monte-charge extérieur qui la hisse vers le sommet. Comment la suivre ? L'immeuble n'est pas encore terminé et il ne comporte ni ascenseur, ni escalier.

Sans hésiter, Georgia s'accroche à la corde qui pend sous le monte-charge. Mais soudain, les fenêtres commencent à exploser au-dessus d'elle, étage par étage. Une pluie de sphères jaillit et se répand dans les rues.

Ballottée par l'onde de choc, Georgia tient bon.

— Georgia ! hurle son père qui vient d'arriver.

Hélas, perchée sur une gargouille, Furie Suprême débute son terrible concert !

— OK, j'ai quatre-vingt-dix secondes devant moi, comprend Georgia.

Elle repère le câble électrique relié à l'instrument de la pyromane. Il faut le débrancher ! Au lieu de se précipiter, Georgia se souvient des conseils de son père : avancer pas à pas, analyser le terrain, évaluer les risques. Et après avoir escaladé des échelles, longé des poutres et s'être agrippée à une corde, elle atteint enfin la prise.

— Le spectacle est terminé ! crie-t-elle à Pauline.

Folle de rage, Furie Suprême la projette dans le vide !

Heureusement, Georgia se rattrape de justesse au câble.

— Personne ne gâchera mon spectacle, même pas toi ! tonne Pauline, juchée sur une poutre.

L'instant d'après, c'est à son tour de glisser et de plonger ! Tandis qu'elle passe à toute allure près de Georgia, celle-ci réussit à la saisir par le pied. Mais elle ne va pas pouvoir tenir bien longtemps !

Du coin de l'œil, elle distingue un étrange engin volant qui fend le ciel : un taxi conduit par Jin, avec Shawn, Ricardo et Ember à son bord. Incroyable ! Ils ont sauté de l'immeuble voisin ! Et ils se précipitent aussitôt pour l'aider.

— On s'est dit que tu avais peut-être besoin d'un coup de main, plaisante Jin.

New York est sauvé, et à force de persévérance, Georgia a réalisé son rêve : elle devient la première femme pompière ! Au cours d'une cérémonie, le capitaine Nolan remet des médailles aux membres de son équipe. Cette aventure les a beaucoup changés : Ricardo a pris de l'assurance, et Jin maîtrise un peu mieux ses émotions.

Georgia se dresse fièrement face à son père.

— Beau travail, Nolan, la félicite-t-il.

— Merci, capitaine Nolan.

Mais pas question de s'éterniser. Derrière eux, dans la caserne, l'alarme retentit déjà...

RICARDO
JIN
GIORGIA